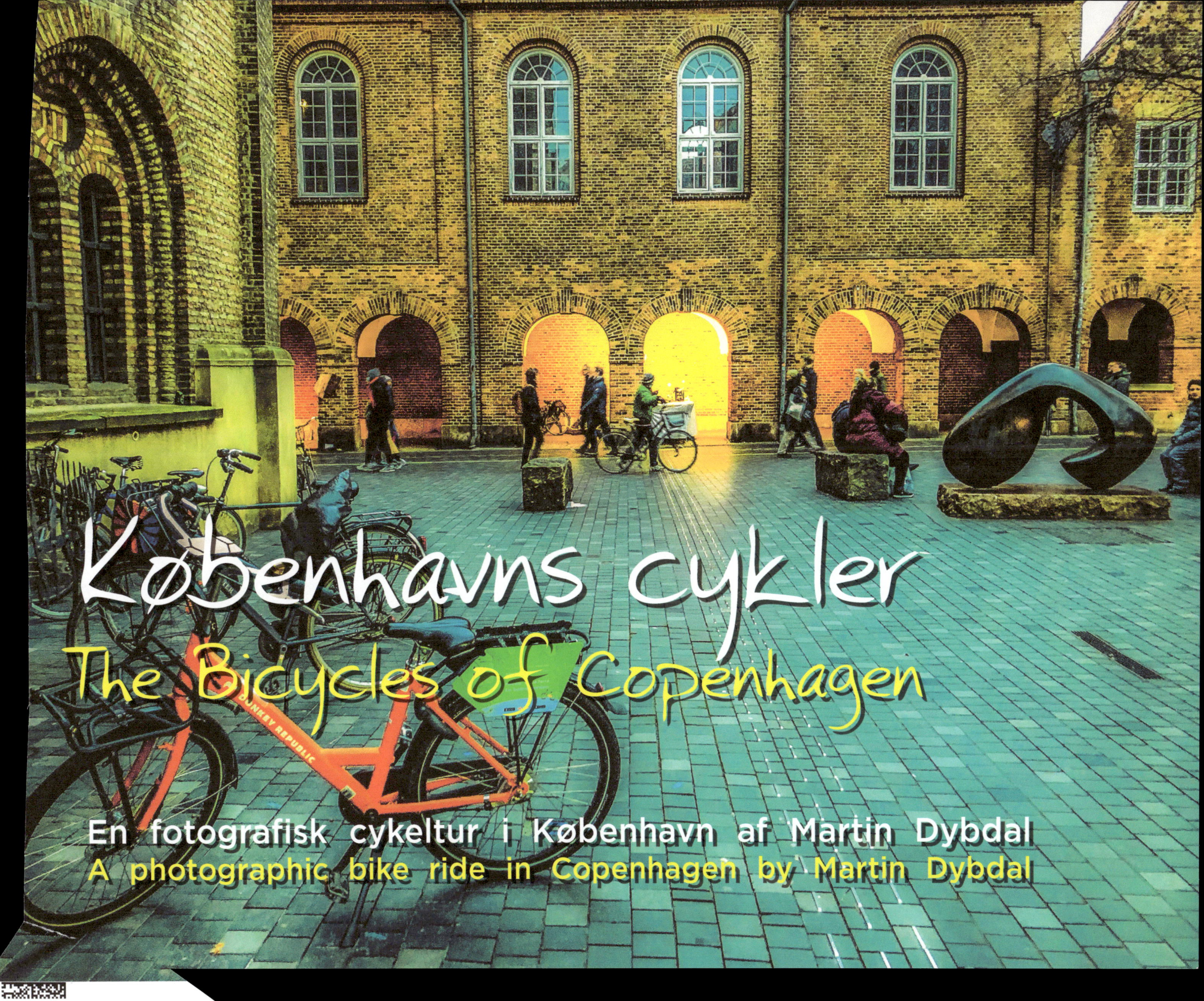

Københavns cykler
The Bicycles of Copenhagen
En fotografisk cykeltur i København af Martin Dybdal
A photographic bike ride in Copenhagen by Martin Dybdal

Fotografier af Martin Dybdal
Tekst og design af Hasse 'Hassan' Sørensen
Forord af Bo Hamburger
Postscriptum af Valentina Becattini
Korrektur af Flemming Johansen
Forlag: Propagandaministeriet
Forlagsnummer: 974024
Tryk: IngramSpark®
ISBN: 978-87-974024-1-2

Photographs by Martin Dybdal
Text and design by Hasse 'Hassan' Sørensen
Preface by Bo Hamburger
Postscriptum by Valentina Becattini
Proofreading by Flemming Johansen
Publisher: Propagandaministeriet
Print: IngramSpark®
ISBN: 978-87-974024-1-2

propagandaministeriet.dk

Københavns cykler

Der er mange biler i København, men du skal ikke gå langt, før du opdager, at der er fem eller ti gange så mange cykler. Det er logisk, for en cykel er den smarteste måde at bevæge sig i en tæt storby. Det er godt for økonomi, miljø og helbred.

Men for københavnerne er cyklen mere end et transportmiddel.

Det er en ven, den er aldrig mere end en tanke væk, og ofte har ejeren givet den et navn. De fleste københavnere har mere end ti cykler i løbet af livet, og nogle har lige nu én, de bruger, og én i kælderen. En til arbejde og en til fritid, eller en almindelig cykel og en ladcykel. Måske én til træning.

Når du tænker på, hvor lille Danmark er, så er vi vildt over-repræsenteret i de store kendte cykelløb, som Vuelta Espana, Giro d'Italia og Tour de France. Som professionel cykelrytter har jeg selv været med til at sætte Danmark på cykel-verdenskortet. Det har været spændende, hårdt, givende og inspirerende. Følelsen når man står på sejrsskamlen med pokalen i hånden kan ikke beskrives.

Men de virkelige helte finder du på en damecykel med barnesæde, en regnvejrsdag i november. Lige dér, midt i København. Når jeg bliver gammel, vil jeg køre rundt med mine børnebørn i en ladcykel og vise dem byen som den burde ses, nemlig fra en cykel.
#lifetimecyclist

Bo Hamburger , professionel cykelrytter

The Bicycles of Copenhagen

There are many cars in Copenhagen, but you won't go far before you discover that there are five or ten times as many bicycles. This is logical, because a bicycle is the smartest way to move in a dense city. It is good for the economy, the environment and health.

But for Copenhageners, the bicycle is more than a means of transport.

It's a friend, it's never more than a thought away, and often the owner has given it a name. Most Copenhageners have more than ten bicycles during their lifetime, and some currently have one they use and one in the basement. One for work and one for leisure, or a regular bike and a cargo bike. Maybe one for training.

When you think about how small Denmark is, we are wildly overrepresented in the big well-known cycling races, such as the Vuelta Espana, Giro d'Italia and Tour de France. As a professional cyclist, I myself have helped put Denmark on the cycling world map. It has been exciting, hard, rewarding, and inspiring. The feeling of standing on the podium with the trophy in hand can not be described.

But the real heroes you will find on a ladies bike with child seat, a rainy day in November. Right there, in the middle of Copenhagen. When I grow old, I will ride around with my grandchildren in a cargo bike and show them the city as it should be seen, namely from a bike.
#lifetimecyclist

Bo Hamburger, professional cyclist

I København må man cykle næsten overalt. Nogle få steder må man ikke.
Men hvis man cykler ganske stille og roligt...

In Copenhagen you can ride you bike everywhere. A few places it's not allowed.
But if you do it slowly and quietly...

Det blæser næsten altid, når du skal cykle. Aldrig i den rigtige retning.
Vinden er din personlige usynlige fjende. Den er imod dig. Imod dig.

The wind is always blowing when you mount your bike. Never in the right direction.
The wind is your personal invisible enemy. Always against you. Always.

Grøn bølge
Mandag·fredag
Kl. 7.00-19.00
20 km/t
LØBEREN

nemlig.com

"Jeg er så glad for min cykel, jeg kommer hurtigt langt omkring,
og det fordi på en cykel, går det let som ingenting."
Sådan lyder en gammel børnesang. Det kunne være nationalsangen.

"I'm so happy with my bike, I'm getting around so fast,
and that because on a bike it's really no big deal."
This is an old Danish children's song. It could be the national anthem.

Så intenst er mørket og
lyset, når du cykler.
Ingen blinde vinkler.
Intet filter.

So intense the dark and
the light when you bike.
No blind angles.
No filter.

Købt • Låst • Stjålet • Efterladt • Samlet ind • Istandsat • Solgt

Locked
Bought
Stolen
Sold
Left
Upcycled
Collected
christiania bikes
21

For hver cykel er der en ejer.
Et menneske.
En person.
Med gøremål.
Med formål.
Med mål.
Og cyklen... Den venter tålmodigt.

For every bike there is an owner.
A human.
A person.
With chores.
With purpose.
With goals.
And the bike... It's waiting patiently.

På den cykel dér.
Lige dér.
Dér ser du virkeligt skyerne.

On that bike, there.
Right there.
There, you really see the clouds.

I Danmark findes folketingspolitikere, der cykler på arbejde. Kun i Danmark. Cyklen er nemlig demokratisk.

In Denmark, there are parliamentary politicians who cycle to work. Only in Denmark. The bike is democratic.

Når der er en chance for hygge,
er der altid en cykel lige ved hånden.

When there's a chance of hygge
there's always a bicycle close at hand.
KAFFETÅRNET
1989

KLUBBEN
Ravenna

Cykel til toget.
Cykel fra toget.
Cykel med toget.
Cykel uden toget.

Bicycle to the train.
Bicycle from the train.
Bicycle on the train.
Bicycle without train.

Til noget. Væk fra noget. Mellem noget og noget andet...
To something. Away from something. From something to something else...

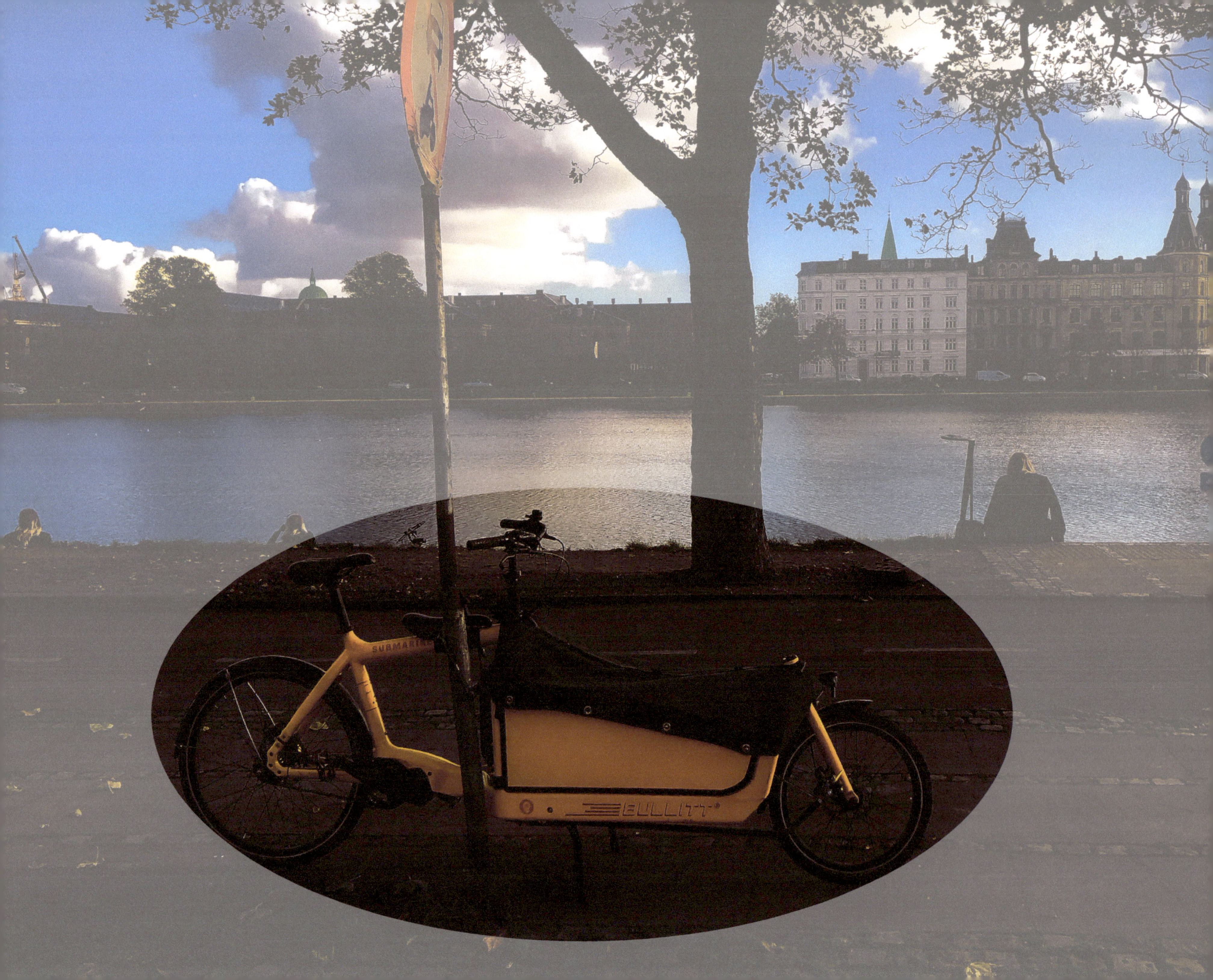

SUBMARINE
BULLITT®

I've never been to Copenhagen, not even Denmark... To tell the truth I've never met Martin Dybdal, but I know him through his shots, which for years have enriched the artistic-cultural blog I manage.

It was December 2020 when Martin told me about Copenhagen bicycles project and I accepted it with sincere enthusiasm. For several months we have published a photograph every Sunday.

He brought a little bit of Denmark here to Italy, so we admired the sunsets, parks, lakes, monuments and even rainy days of Copenhagen, from a truly original point of view: The saddle of a bicycle.

Martin's eye and sensitivity capture ordinary moments and make them amazing; so, while people rode bicycles absorbed in their own lives and the moments followed each other incessantly, Martin was there to capture the perfect moment.

Well, the many perfect moments are collected in this book and, if possible, acquire even greater charm on the printed page. Like a distillation of vibrations, in these shots the views of Copenhagen and the energy of the Danes pulsate.

With this photographic homage to his city, Martin Dybdal invites all of us to visit live the lights... And shadows of one of the greenest and most magical European capitals. Photographic art is enriched with a new jewel... Hopefully the first of a long series. Thanks, Martin!

Valentina Becattini, appuntidivita.eu

Jeg har aldrig været i København, ikke engang Danmark... Sandt at sige har jeg aldrig mødt Martin Dybdal, men jeg kender ham gennem hans billeder, som i årevis har beriget den kunstnerisk-kulturelle blog, jeg administrerer.

Det var december 2020, da Martin fortalte mig om Københavns Cykler projektet, og jeg tog imod det med oprigtig entusiasme. I flere måneder har vi udgivet et fotografi hver søndag.

De bragte en lille smule af Danmark her til Italien, så vi kunne beundre Københavns solnedgange, parker, søer, monumenter og endda regnfulde dage fra et virkelig originalt synspunkt: Sadlen på en cykel.

Martins øje og følsomhed fanger almindelige øjeblikke og gør dem fantastiske, så mens folk kørte på cykler, fordybet i deres eget liv, og øjeblikkene fulgte hinanden uophørligt, var Martin der for at fange det perfekte øjeblik.

Nå, de mange perfekte øjeblikke er samlet i denne bog og får om muligt endnu større charme på den trykte side. Som en destillation af vibrationerne og pulsen i udsigten over København og danskernes energi.

Med denne fotografiske hyldest til sin by inviterer Martin Dybdal os alle til at besøge lysene... Og skyggerne i en af de grønneste og mest magiske europæiske hovedstæder. Fotokunst er beriget med en ny juvel... Forhåbentlig den første af en lang serie. Tak, Martin!

Valentina Becattini, appuntidivita.eu